A. M. D. G. ✝ J. M. J.

M. BOURON

CURÉ DE MACHECOUL

PAR

P. RENAUD

VICAIRE DE MACHECOUL

> Dieu m'a conservé la vie par un prodige de sa miséricorde; ce ne peut être que pour lui.

NANTES

MAZEAU
LIBRAIRE

LIBAROS
LIBRAIRE

1876

M. BOURON

CURÉ DE MACHECOUL

A. M. D. G. † J. M. J.

M. BOURON

CURÉ DE MACHECOUL

PAR

P. RENAUD

VICAIRE DE MACHECOUL

> Dieu m'a conservé la vie par un prodige de sa miséricorde, ce ne peut être que pour lui.

NANTES

MAZEAU
LIBRAIRE

LIBAROS
LIBRAIRE

1876

A SA GRANDEUR

MONSEIGNEUR L'ÉVÊQUE DE NANTES

MONSEIGNEUR,

Permettez-moi d'offrir à Votre Grandeur cet opuscule. Premier Pasteur de ce beau diocèse de Nantes, vous êtes le père de tous vos prêtres. Vous avez eu, dans votre enfance, avec notre pays de Machecoul, des relations spéciales dont vous aimez à garder le souvenir. Professeur de M. Bouron à la maison de Philosophie, vos leçons ont développé en lui cette lucidité et cette sûreté de jugement qui le distinguèrent, et en firent le conseiller de tous les prêtres de son canton.

J'ai donc cru qu'il était de mon devoir de vous dédier ce petit travail.

Je n'ai point, Monseigneur, l'intention de raconter, dans tous ses détails, la vie de M. Bouron; je voudrais seulement en reproduire les traits principaux; surtout faire ressortir son esprit sacerdotal et le faire vivre à jamais dans le cœur de ses paroissiens.

La tâche est difficile, et je sens tout ce qui me manque pour parler convenablement de cet excellent prêtre; mais je crois remplir un devoir et je compte sur la vertu de votre bénédiction.

Je me courbe donc sous votre main, et vous fais la protestation de mon sincère dévouement et de ma filiale affection.

Votre enfant, P. RENAUD.

Chers habitants de Machecoul,

Voici un petit livre que je vous donne. Vous y trouverez les principaux traits de la vie de votre Pasteur. Vous y verrez, je l'espère, son esprit de prêtre. Vous y sentirez son cœur de père, et de tous vos cœurs s'échapperont, j'en suis sûr, des élans de reconnaissance et d'amour vers ce Dieu qui vous l'avait donné.

M. BOURON

CURÉ DE MACHECOUL

I. — Enfance de M. Bouron.

Une petite maison couverte d'ardoises se trouve placée entre la grande route de Carquefou à Nort et les marais de l'Erdre, à 2 kilomètres de Petit-Mars et à 6 kilomètres de Saint-Mars-du-Désert. Cette maison appartient à la commune de Saint-Mars. Elle s'appelle le village de la Déchausserie. Autrefois c'était une pauvre chaumière perdue au milieu des marais.

Dans cette maison, vivait au commencement de ce siècle une de ces familles patriarcales qu'on a peine à retrouver de nos jours. Le père s'appelait Julien Bouron et la mère Marie Sottin. C'étaient des laboureurs qui vivaient du travail de leurs mains. Ils n'avaient point reçu d'instruction ; mais ils avaient du bon sens. C'étaient de vrais et fervents chrétiens, connus dans tout le pays par leur attachement à leur

Dieu et à leur roi. Leur maison fut bien souvent l'asile des prêtres poursuivis par la Révolution. Dieu les récompensa.

Les époux Bouron eurent trois enfants, deux filles et un garçon. Les deux filles devinrent d'excellentes mères de famille. Le garçon eut le bonheur d'être prêtre. C'est de lui que nous allons parler.

Cet enfant s'appelait Jean-Baptiste-Augustin. Il naquit le 27 janvier 1805. Il connut à peine son père, la mort le lui ayant ravi de bonheur; mais il puisa dans le sein de sa mère les sentiments d'une foi vive et d'une charité ardente. Il se distingua surtout dans la famille par son respect et son amour pour sa mère. Voici un fait qui le prouve. M. le curé se plaisait à le raconter.

Un jour, revenant du catéchisme, il s'était amusé à lutter avec ses camarades et avait déchiré son habit. Il vint tout confus et pleurant vers sa mère. Celle-ci, au lieu d'essuyer ses larmes se mit à le gronder et voulut le punir. Jean-Baptiste se mit en colère, sortit de la maison et ne rentra que le soir. La mère ne dit mot. L'enfant ne voulut pas souper et alla se coucher. La mère le laissa faire, mais elle se mit à pleurer. Cette femme chrétienne gémissait de voir son enfant se coucher avec une telle désobéissance sur la conscience. Elle craignait que la mort ne vînt le surprendre dans cet état;

de son côté, Jean-Baptiste ne pouvait dormir, et, apercevant les larmes de sa mère, il se lève sur-le-champ, court l'embrasser en pleurant, et lui demande pardon de lui avoir causé tant de chagrin.

La faute commise était notable, mais quelle belle réparation! et quel amour pour sa mère!

Jean-Baptiste joignait à ce respect et à cet amour pour sa mère une charité ardente pour Dieu et sa Religion sainte; il aimait à prier et à assister aux saints offices, les dimanches et les jours de fête, et se faisait admirer par sa sagesse et son profond recueillement. On le vit, surtout à l'époque de sa première communion, s'appliquer avec ardeur à combattre sa légèreté naturelle, tant il désirait donner à son Jésus un cœur digne de lui. Il se faisait aussi une obligation de conscience de bien étudier son catéchisme et d'écouter avec attention les explications qui étaient données. Durant les deux années qu'il suivit le catéchisme, il ne reçut qu'une seule punition pour avoir tourné la tête de côté, punition d'autant plus sensible à son cœur, disait-il, que sa mère était présente.

M. Bizeul, de respectable mémoire, gouvernait alors la paroisse de Saint-Mars. Ce saint prêtre avait reçu de Dieu un talent extraordinaire pour discerner les vocations; il ne tarda pas à remarquer dans l'enfant Bouron quelque chose qui ne se voit pas ordinairement dans les enfants de son âge ; il était touché de sa sagesse et de sa simplicité, et il remarquait des indices d'une intelligence peu commune. Il résolut donc de le préparer au sacerdoce.

« Mon enfant, lui dit-il un jour, ne serais-tu pas content d'être prêtre? — Oui, monsieur le curé, répondit l'enfant, je serais bien content d'être prêtre; mais je ne sais pas lire et ma mère est pauvre. — Sois tranquille, repartit M. Bizeul, je t'apprendrai à lire et à écrire. Va demander à ta mère si elle veut que je te donne des leçons. » Et Jean-Baptiste de courir vite trouver sa mère, de lui sauter au cou et de lui dire en l'embrassant: « Ma mère, monsieur le curé veut me faire prêtre; il veut bien m'apprendre à lire et à écrire. Le voulez-vous? » Le voulez-vous! quel mot consolant pour une mère chrétienne! « Je le veux de tout mon cœur, répondit-elle; je serai bien heureuse de te voir prêtre. » L'enfant n'attendit pas le lendemain; il se hâta de retourner au presbytère, heureux de porter à M. le curé la bonne réponse de sa mère: « Oh! quel bonheur, se disait-il, chemin faisant, un jour je serai prêtre, moi qui le désire depuis si longtemps! »

Monsieur le curé fut tout étonné de le revoir si tôt; mais quelle ne fut pas sa joie en apprenant qu'il pourrait travailler à former un prêtre!

Dès le lendemain, Jean-Baptiste Bouron commença ses études. Il avait fait ses deux communions; il venait tous les matins à la cure, apportait ses provisions de la journée et s'en retournait le soir à la chute du jour. Il suivit avec ardeur les leçons de son bon maître, et au bout de peu de temps il put rentrer au Petit-Séminaire de Nantes.

II. — Séminaire.

Nous ne suivrons point le nouveau séminariste dans tous les détails de sa conduite. Mais disons à sa louange qu'il ne perdit pas un instant de vue le but qu'il se proposait d'atteindre. Il voulait être prêtre et un saint prêtre; il voulait se rendre utile à l'Eglise et travailler à la gloire de Dieu et au salut des âmes.

Averti par son bon curé que la vertu et la science sont les deux armes des saints prêtres, il se livra à l'étude avec la plus grande ardeur, et fit tous ses efforts pour accomplir fidèlement le règlement de la maison. Dieu bénit ses efforts et ses progrès furent rapides.

Le Petit-Séminaire n'était pas, à cette époque, ce qu'il est aujourd'hui, un asile presque exclusivement réservé aux jeunes gens qui se destinent à l'état ecclésiastique. On y voyait quelques jeunes gens qui devaient rester dans le monde, et dont les habitudes n'étaient pas toujours conformes à la modestie qui convient aux élèves du sanctuaire.

Le jeune Bouron sut se faire aimer des uns et des autres, sans rien perdre de sa simplicité. Il ne craignait pas de condamner, non-seulement par ses exemples, mais aussi par ses paroles, les frivolités de la jeunesse; mais il savait le faire avec tant de grâce et tant de cœur que personne ne s'en trouvait offensé. Tous ses camarades l'estimaient.

Il en fut de même de tous les professeurs. Ceux-ci ne pouvaient s'empêcher d'admirer à la fois la gaieté de son caractère et son amour de la règle.

Il était un des plus ardents aux jeux, surtout à ces jeux où on se donne beaucoup de mouvement, et il riait volontiers dans le temps des récréations. Mais, ce temps écoulé, il se mettait tout entier à son devoir et ne parlait jamais sans permission. Il était regardé comme un élève modèle.

Aussi quel ne fut pas l'étonnement de M. Sagory, supérieur du Séminaire, quand il vit un jour Jean Bouron se tenir debout tranquille au pied d'un arbre pendant une récréation! C'était pendant son année de rhétorique. « Comment! disait M. Sagory, vous, M. Bouron, au piquet! » Le jeune homme, déjà profondément humilié d'avoir reçu une punition, ne put supporter ce reproche. Il se mit à pleurer. Cependant il ne dit rien. Il pouvait s'excuser. Il n'avait point mérité cette punition. Il aima mieux accepter un affront que de se plaindre lui-même de l'erreur d'un professeur. Il attendit que celui-ci reconnût son erreur.

Du Petit-Séminaire, Jean-Baptiste Bouron passa à la maison de Philosophie. M. de Courson, mort depuis supérieur général de la Compagnie de Saint-Sulpice, était à la tête de cette maison. M. l'abbé Fournier, actuellement évêque de Nantes, occupait une des chaires de philosophie. Notre séminariste se distingua dans ce nouveau genre d'études plus sérieuses, et eut l'honneur de soutenir une thèse publique.

Mais ce qui se grava le plus profondément dans le cœur de Bouron, ce sont ces joies dont on ne peut se faire une idée à moins de les ressentir. Dernièrement encore il disait en causant : « Les deux années que j'ai passées en philosophie sont les deux plus belles années de ma vie. Jamais je n'en ai perdu le souvenir. »

C'est dans cette maison surtout qu'il a goûté le bonheur de la vertu. C'est là qu'il a contracté ces habitudes de vie réglée qui font les saints prêtres et qui l'ont toujours préservé dans les dangers du ministère. Sans doute, la première année, sa joie fut troublée par une certaine inquiétude. Il craignait de n'être pas trouvé digne du sacerdoce. Mais avec quelle ardeur il se mit au service de Dieu la seconde année ! Son directeur l'avait tranquillisé en lui déclarant qu'il avait la vocation sacerdotale.

Jean-Baptiste Bouron prit la soutane à la rentrée et reçut la sainte tonsure à l'ordination de Noël. Avec quel dédain il a dû rejeter les habits du siècle ! Avec quel amour il a dû baiser le saint habit de la cléricature ! Quel transport de joie surtout quand il a courbé sa tête sous la main de l'Evêque et qu'il a senti cette main marquer la couronne des clercs : « J'étais tout hors de moi-même, me disait-il, à mon ordination de la tonsure. Je ne pouvais m'empêcher de pleurer. »

M. l'abbé Bouron était heureux pour lui, mais il l'était aussi pour sa mère. Il s'empressa de l'avertir. Il aurait voulu surtout se présenter devant elle. « Quel bonheur pour ma mère, se disait-il, quand elle me verra revêtu de la soutane ! »

Le temps des vacances arrive enfin. M. l'abbé Bouron se hâte de se rendre auprès de sa mère. Mais, ô douleur ! celle-ci était étendue sur son lit, dangereusement malade. Cependant la vue de son fils, devenu clerc, lui fit oublier ses souffrances. Elle le fit approcher, lui passa la main sur la tête et s'écria : « Mon Dieu, merci ! j'ai senti sa couronne. Merci, je mourrai contente, car j'ai l'espoir qu'un jour mon fils sera votre prêtre ! » O mère chrétienne, vous pouvez espérer. Oui, votre enfant sera prêtre, et ce sera un saint prêtre ! Vous ne le verrez plus sur la terre, mais vous le protégerez du haut du ciel. En effet, cette digne mère mourut quelques semaines après.

M. l'abbé Bouron rentra au Grand-Séminaire. Là encore il se fit remarquer par sa science et sa piété. On le chargea du soin de la chapelle. Il fut promu aux ordres mineurs dès sa première année, et l'année suivante il fut appelé à prendre part à l'ordination du sous-diaconat. Il eut la pensée de reculer. Il demanda même à M. Morel, son directeur, l'autorisation d'attendre encore une année. Il ne se croyait pas suffisamment disposé.

« O cher enfant, lui répondit M. Morel, qui êtes-vous donc, vous ? Seriez-vous plus sage que vos supérieurs ? Voudriez-vous résister à la volonté de Dieu ? Vos supérieurs vous ont appelé, marchez. » Et l'abbé Bouron, toujours docile aux ordres de son directeur, fit avec confiance le pas redoutable du sous-diaconat.

L'année suivante il fut ordonné diacre, puis prêtre, au mois de décembre de l'année 1831. Il avait près de vingt-sept ans. Il eut beaucoup de peine à célébrer sa première messe. Les émotions étaient trop vives, il ne pouvait contenir ses larmes. On l'entendait même éclater en sanglots. M. Morel, qui l'assistait, tâchait de le calmer; mais c'était inutile, plus M. Morel l'encourageait, plus M. Bouron pleurait.

Larmes de la première messe, que vous étiez belles ! Quelle prière ! quelle foi vive ! quel amour ardent !

III. — Le Loroux.

M. Bouron fut envoyé vicaire dans la paroisse du Loroux immédiatement après son ordination. Il trouva un digne pasteur à la tête de cette paroisse, M. Fonteneau, qui l'aida puissamment par ses conseils et par ses exemples à conserver la régularité et la ferveur du séminaire.

M. Bouron avait toujours désiré de se dévouer au salut des âmes. Ne doutons donc pas qu'il se soit livré avec ardeur aux œuvres du ministère. Nous en avons une preuve dans l'affection que les habitants du Loroux lui portaient et dans le souvenir qu'ils en ont gardé. « M. Bouron, me disait, il y a quelques mois, un jeune abbé du Loroux qui séjournait à Machecoul, M. Bouron vit encore dans tous les cœurs. Tout le monde aime à en parler. »

C'est justice. M. Bouron s'est dévoué dans toute la force du terme pour les habitants du Loroux. Dans une dyssenterie épidémique, on l'a vu parcourir sans cesse les différents quartiers de la paroisse pour porter les secours de la religion aux pauvres mourants; dans une maladie de M. Fonteneau, il confessa à lui seul 1,800 personnes pendant le carême.

Puis M. Bouron a laissé dans le Loroux une œuvre qui est de nature à produire le bien le plus grand : je veux parler de l'école des Frères.

Il avait vu avec peine que l'éducation des garçons était tout à fait négligée, et, dès les premières années de son ministère, il avait résolu de faire venir des frères. Mais comment réaliser ce projet? Pas de maison, pas de fonds pour s'en procurer une! M. le curé lui-même regardait la réalisation de ce projet comme impossible. Cependant M. Bouron voulait, à tout prix, des frères. Il avait souvent recours au Seigneur et à la très-sainte Vierge. Le Seigneur vint à son aide.

Un maître d'hôtel, du reste fervent chrétien, était ennuyé des embarras de sa condition et songeait à se retirer. Il cherchait même à vendre sa maison. Mais il ne voulait pas la vendre à des gens qui en eussent fait un mauvais usage. Plusieurs aubergistes se présentèrent lui offant une somme considérable. Il ne voulut pas accepter. Un jour, M. Bouron se présente chez lui : « Mon bonhomme, lui dit-il, je veux traiter avec vous. Je veux acheter votre hôtel. En voulez-vous tant? (20,000 ou 30,000 francs.) — Je le veux bien, répondit le maître d'hôtel. Il est vrai, vous ne m'offrez pas cher, j'ai refusé 35,000 francs. Mais je suis sûr que vous ferez un bon usage de ma maison. Je vous la vends. Faisons l'acte. »

M. Bouron et le maître d'hôtel allèrent chez le notaire, qui fit l'acte de vente.

M. Bouron était content. Il vint donc tout joyeux au presbytère et raconta à son curé le marché qu'il venait de faire. M. Fonteneau le gronda, craignant un excès de zèle : « Comment paierez-vous cette maison ? lui dit-il froidement. Où prendrez-vous de l'argent ? — Soyons tranquilles, répartit le vicaire, le Seigneur y pourvoira. Si vous me le permettez, je vais parcourir la paroisse et faire la quête. » Ce mot de quête fit sourire le vieillard. Il avait peu de confiance dans ce procédé. Cependant il y consentit.

M. Bouron se mit en campagne. On le vit aller de porte en porte demander à chacun de l'aider selon son pouvoir. Tous les soirs il rentrait à la cure les poches chargées de pièces et de sous, ce qui faisait sourire M. Fonteneau.

Il y avait dans la paroisse un homme riche qui s'était fâché contre M. le curé. Jamais il ne donnait aux quêtes faites dans l'église. M. Bouron parla d'aller chez lui. « N'y allez pas, lui dit Monsieur le curé, il ne vous donnera rien, et vous vous exposez à être mal reçu. — Tant pis, répondit M. Bouron, s'il ne me donne rien, mais il ne me mangera toujours pas. Et qui sait ?... — Faites comme vous voudrez, reprit le curé, mais vous n'aurez certainement rien. » Voilà M. Bouron parti. Il se présente à la porte de ce monsieur. Celui-ci l'accueille avec beaucoup de politesse, l'introduit dans sa maison et engage la conversation. Au bout de quelques instants, le monsieur dit au vicaire : « Monsieur, vous êtes venu sans doute pour me demander de l'argent ? — Oui, reprit le vicaire, je fais la quête dans toutes les maisons de la paroisse. Je voudrais trouver de quoi payer un hôtel que je viens d'acheter pour le convertir en maison d'école. Si vous pouviez me donner une bonne somme, vous me feriez grand plaisir. » Un gros sac était dans un coin de la salle, certainement préparé à dessein. « Vous voyez bien ce sac, dit le monsieur, je vous le donne si vous pouvez l'emporter. » Aussitôt M. Bouron de se lever, de remercier son bienfaiteur, de charger le sac sur ses épaules et de courir au presbytère. Il était fier de son fardeau et souriait à tous ceux qui sortaient aux portes pour le voir passer. Il déposa le sac aux pieds de son curé, qui ne revenait pas de son étonnement. On compta, et on trouva que le sac contenait une somme de 200 francs en sous.

Grâce au zèle de M. Bouron et à la bonne volonté des habitants du Loroux, la maison achetée fut payée et restaurée, et les frères furent entretenus pendant un an, jusqu'au départ forcé de l'instituteur.

IV. — Pont-Saint-Martin.

Il y avait huit ans que M. Bouron exerçait avec succès le saint ministère, dans la paroisse du Loroux, quand il fut nommé curé du Pont-Saint-Martin, en remplacement de M. l'abbé Sorin, actuellement Trésorier de la caisse de secours. Il avait près de trente-six ans. Il fut tout surpris de sa nomination. Il n'avait pas encore désiré d'être curé, et par suite n'avait fait aucune épargne pour monter son ménage. Puis la responsabilité qui s'impose aux pasteurs l'effrayait. Il se trouvait trop jeune, il voulut donc attendre quelques années. Mais M. de Courson le força d'accepter la cure que lui proposait Monseigneur. M. Bouron vint donc au Pont-Saint-Martin. Quelle impression puissante sa jeunesse, sa force, sa grande taille et surtout l'aimable sourire de ses lèvres ont dû produire sur ses nouveaux paroissiens! Comme ils devaient être fiers d'avoir un tel pasteur!

Le nouveau curé ne tarda pas à gagner l'affection des habitants du Pont-Saint-Martin. Il lui suffit de monter en chaire et de parler. Dès sa première instruction, il fit sentir ce qu'il devait être, un prêtre zélé pour le bien, un père embrasé d'amour pour tous ses enfants. Aussi, nobles, bourgeois, ouvriers, laboureurs, vieillards, jeunes gens, tous en l'entendant se prirent à l'aimer. Ils sentaient en lui quelque chose d'extraordinaire qui les entraînait.

Cette affection du premier instant, loin de perdre de sa force, ne fit que gagner avec le temps. Plus les fidèles l'approchèrent, plus ils l'entendirent, plus ils furent attirés vers lui.

Du reste, ils furent bien payés de retour. M. Bouron était heureux de vivre au milieu d'eux, et le laissait voir malgré lui, dans ses instructions et dans ses conversations. « Mon cher enfant, me disait-il un jour, en passant sur la limite du Pont-Saint-Martin, j'étais trop heureux dans cette paroisse, je crois que j'aurais eu de la peine à faire mon salut. C'était un véritable paradis terrestre pour moi, j'aurais détaché difficilement mon cœur de la terre. Je bénis le bon Dieu de m'en avoir tiré. » Ce n'était point exagération de tendresse, c'était sa conviction intime.

L'œuvre de la maison d'école qu'il avait entreprise au Loroux, lui avait donné le goût des œuvres matérielles qui touchent à la gloire de Dieu. Du reste, sa forte constitution et son activité inconcevable ne lui permettaient pas de se livrer assidûment aux travaux de cabinet. Il lui fallait beaucoup d'exercice. Il se mit donc à restaurer le chœur de son église, et à bâtir le clocher.

Il choisit un architecte, mais il ne voulut point d'entrepreneur. Lui-même voulut assumer toute la responsabilité de l'entreprise. Il sentait bien les difficultés de cette lourde charge; mais il y voyait aussi de grandes économies pour sa fabrique. Il achetait les matériaux et avait tout l'avantage d'un premier achat.

Comme un bon entrepreneur, il allait causer avec ses ouvriers et montait avec eux sur les échafaudages les plus élevés.

Cette hardiesse peu ordinaire faillit lui être funeste. Un jour, l'échafaudage fit bascule sous ses pieds. M. le curé, ne trouvant rien pour se garantir ne put s'empêcher de tomber. Sa chute devait être mortelle. Toutes les planches de l'échafaudage étaient tombées sur lui. Il ne paraissait, de son corps, que la tête et la main droite. Son vicaire, M. Louërat, le curé actuel du Pont-Saint-Martin, averti de l'accident, accourut au secours de son curé. Déjà il s'apprêtait à lui faire les onctions sacrées, quand M. Bouron l'arrêta d'un signe de la main. On le débarrassa, on le transporta dans sa chambre, et au bout de quelques jours, on le revit au milieu de ses ouvriers.

M. Bouron ne parlait jamais de cet accident sans remercier le Seigneur. « Je devais me tuer, disait-il, c'est le Seigneur qui m'a sauvé. » Et, j'aime à le croire, c'est pour se rappeler sans cesse le souvenir de ce bienfait, qu'il avait placé au commencement de son bréviaire, à l'endroit de l'*Aperi* et du *Sacrosanctæ* (prières que les prêtres disent au commencement et à la fin du saint office), une petite feuille de papier que je conserve précieusement et sur laquelle on lit ces pensées :

Avec Jésus !

Comme Jésus !

Pour Jésus !

Dieu m'a conservé la vie par un prodige de miséricorde, ce ne peut être que pour lui.

Cette protection manifeste de la Providence fit grandir M. Bouron dans l'estime et dans l'affection de tous ses paroissiens. Aussi quelle docilité à suivre ses enseignements ! quel élan pour le bien ! En même temps, quelle source de consolations pour le cœur d'un saint prêtre ! « Presque tous mes hommes, presque tous mes jeunes gens, me disait-il naguère avec bonheur, tenaient à s'approcher des sacrements. On entendait peu de blasphèmes, l'ivresse était à peine connue. »

L'heure de la séparation devait sonner bientôt. M. Tolle, curé de Machecoul, venait de mourir. Tout le conseil épiscopal porta son choix sur M. Bouron. Mais celui-ci voulut encore décliner cette nouvelle position, que son humilité lui faisait regarder comme trop élevée pour ses mérites. Il prétexta des comptes à régler. En apparence, les raisons étaient excellentes. Mais M. l'abbé Vrignaud ne se laissa pas prendre. Il commanda à M. Bouron, au nom de Monseigneur d'accepter la cure de Machecoul. Le bon curé s'empressa d'obéir. Il sortit du Pont-Saint-Martin, emportant avec lui les regrets de tous ses paroissiens, dont il a toujours conservé lui-même le souvenir le plus cher.

V. — Arrivée de M. Bouron à Machecoul.

M. Bouron fut installé curé de Machecoul, le dimanche 28 février de l'année 1847. M. Dandé, grand-vicaire de Monseigneur, vint présider lui-même la cérémonie de l'installation. Il fit comprendre aux fidèles, dans une allocution émouvante, combien Monseigneur avait consulté son amour pour la paroisse de Machecoul, en lui donnant M. Bouron pour curé.

Il faut l'avouer, la position était difficile. M. Tolle était pleuré par tous, comme le meilleur des amis et le plus tendre des pères. On ne cessait d'exalter ses vertus et spécialement son amour des pauvres. Tout le monde le vénérait comme un saint.

M. Bouron fut à la hauteur de la position. Il commença par verser des larmes sur la tombe de M. Tolle, et en fit un éloge pompeux.

Les paroissiens furent sensibles à cette démarche sympathique. La cause était gagnée. M. Bouron avait su respecter et encourager l'affection dont son prédécesseur était l'objet, et cependant il s'était attiré tous les cœurs. Lui-même le sentit vivement et l'exprima avec l'accent le plus pénétrant.

A ce moment, il s'établissait entre le pasteur et le troupeau une union d'amour et de dévouement que la mort seule devait rompre.

Oui, chers habitants de Machecoul, je puis vous le dire, je le tiens de la bouche de notre père lui-même, dès ce jour il vous a connus et vous l'avez connu. Il a senti dans les larmes versées sur son prédécesseur ce qu'il pouvait attendre de vous, et son cœur s'est dilaté pour vous renfermer tous dans son amour.

VI. — Œuvres matérielles.

Comme nous l'avons vu déjà, M. Bouron aimait les œuvres matérielles. Il trouva dans Machecoul de quoi satisfaire son zèle. M. Tolle avait assez vécu pour se faire aimer; mais la mort l'avait emporté trop vite pour lui donner le temps de créer. Du reste, ce n'était guère dans ses goûts. Un saint prêtre, que la discrétion ne me permet pas de nommer, me disait tout dernièrement : « M. Tolle était surtout un homme de prière et de charité. » Aussi tout était à faire.

M. Bouron embrassa d'un coup d'œil toutes les œuvres dont il devait s'occuper, alla se jeter aux pieds de son évêque pour lui demander sa bénédiction, et se mit à l'œuvre. Il prévoyait bien les grandes difficultés qu'il devait rencontrer, mais il était fort de l'approbation de son évêque, et avait une grande confiance en la Providence de Dieu, qui l'avait si bien servi dans plusieurs circonstances.

Un jour, je lui demandais comment il avait osé entreprendre tant de choses : « Mon cher » enfant, me répondit-il, il ne faut jamais rien » entreprendre avec témérité. Il faut toujours » consulter ses supérieurs. Mais quand les su- » périeurs ont parlé, il faut marcher sans crainte.

» Quiconque travaille pour Dieu n'en sera ja-
» mais abandonné. »

La Providence bénit sa confiance.

M. Bouron bâtit la cure, où les prêtres trouvent une habitation à la fois simple, vaste et commode. Ici, nous devons rendre hommage à M. d'Espivent de la Villeboisnet, ancien conseiller de la Cour royale, qui vient de mourir à Saint-Mesme, dans les dispositions les plus chrétiennes. M. d'Espivent a beaucoup aidé M. Bouron à triompher de l'opposition que faisait le Conseil municipal de Machecoul.

Après la cure, M. Bouron fit bâtir une salle d'asile, où les petits enfants de la ville sont confiés par leurs parents aux soins d'une religieuse; un pensionnat où les jeunes filles reçoivent, avec une instruction suffisante, l'éducation la plus chrétienne, sous la direction des Filles de la Sagesse. Il restaura et améliora la maison de la Providence, où les filles des pauvres apprennent tout ce qu'il est utile de connaître à une mère de famille. Il restaura la chapelle de l'hôpital. Il continua, avec une ardeur admirable, l'Œuvre des Orphelines, établie par son prédécesseur. Il procura de plus à ces enfants un logement agréable et spacieux.

Qu'on nous permette de donner un témoignage de reconnaissance à Mme Dutertre, qui aime à se dire la protectrice et la mère de ces pauvres orphelines, aux MM. Blanchard, des Couëts; aux

Dlles Reliquet et Lemeignen, qui ont puissamment contribué à l'entretien du bazar annuel, unique ressource de l'orphelinat, à tous ces MM. ecclésiastiques et laïcs qui ont la charité de prendre des billets, chaque année ; à ces dames vraiment généreuses, qui ne reculent pas devant le travail pour fournir des lots précieux.

M. Bouron seconda de tout son pouvoir le collége ecclésiastique de M. Blanchard, et le pensionnat des Frères de Saint-Gabriel ; et fut heureux de voir la prospérité de ces deux établissements.

Mais de toutes les œuvres matérielles de M. Bouron, l'église de Machecoul est sans contredit la principale, et vraiment on peut dire que c'est une œuvre remarquable. Sans doute le style en est original ; mais quelle majesté dans le transept et dans la façade !

M. Bouron avait pris, dès son entrée à Machecoul, la résolution d'en reconstruire l'église. Il aurait bien voulu commencer par là ; mais la fabrique n'avait aucune ressource ; puis la cure menaçait ruine ; les prêtres n'y étaient pas en sûreté. Il fallut donc construire d'abord le presbytère.

Pendant ce temps-là, M. Bouron amassait des fonds, vendait son patrimoine, plaçait son argent à intérêts pour s'en servir au besoin. De plus, il fit une souscription dans la paroisse. Malheureusement la paroisse est pauvre : la souscription ne put atteindre un chiffre élevé. M. Dussouchay, l'habile architecte d'Angers, fut prié de tracer un plan. Le devis monta à la somme de 300,000 francs. C'était beaucoup pour M. le curé, qui n'avait que 40,000 fr. devant lui. Il eut un peu d'hésitation, voulut renoncer au projet de construire une église nouvelle. Il se serait contenté de restaurer l'ancienne. Mais, avant de rien décider, il consulta Monseigneur, qui le désapprouva, ranima sa confiance en la Providence et le supplia de commencer les travaux le plus vite possible.

M. le curé suivit le conseil de son Evêque, commença les travaux en 1863, construisit toute l'église, l'orna de magnifiques vitraux et la garnit de cinq autels et de trois confessionnaux, sans gêner la fabrique ; car on ne peut pas donner le nom de dettes aux obligations légères qui lui ont été imposées. Il ne reste plus à élever que les flèches. Déjà un des beffrois est presque terminé, et les matériaux nécessaires pour construire l'autre sont amenés au chantier ou achetés.

La construction de l'église de Machecoul est un mystère pour tout le monde. C'était un mystère pour M. le curé lui-même. Bien des fois, je lui demandais comment il faisait, et toujours il me répondait : « Je n'en sais rien; c'est la Providence qui a tout fait. »

Je ne doute pas que la Providence n'ait beaucoup fait ; mais M. le curé a fait beaucoup aussi, j'oserais presque dire il a trop fait, car son travail forcé l'a usé. C'était un homme qui devait vivre dix ans de plus, s'il n'avait pas fait d'imprudence. Mais dans l'ardeur de son zèle, il ne tenait pas à conserver ses jours : il tenait à travailler à la gloire de son Dieu.

Comme au Pont-Saint-Martin, il s'est fait entrepreneur et manœuvre. Il achetait et faisait venir tous les matériaux, ce qui, au dire de M. le trésorier de la fabrique, a procuré à celle-ci une économie de 30 à 40 mille francs. Il allait lui-même charger les pierres dans les charrettes. Il était vraiment beau de voir ce vieillard de soixante-dix ans, tout poudreux, marcher en souriant à la tête de ses rouliers et de ses métayers, et soulever lui-même les blocs les plus lourds.

Nous ne terminerons pas ce chapitre sans donner un remerciement sincère à tous les rouliers et à tous les métayers de Machecoul. Vraiment, ils ont fait preuve de bonne volonté, et ont beaucoup aidé M. le curé dans la construction de son église. Je regrette vivement qu'il n'ait pas eu le temps de réaliser son projet, qui était de réunir chez lui ensemble tous ceux qui avaient fait des charrois. Quelle fête pour le pasteur ! quelle joie pour ses enfants ! Dieu en a jugé autrement, soumettons-nous et adorons.

VII. — Œuvres spirituelles.

On croira peut-être que M. Bouron a négligé les intérêts spirituels de sa paroisse. Nullement. M. Bouron a su faire marcher de front et les œuvres matérielles et les œuvres purement spirituelles.

Il sentait que la vie chrétienne d'une paroisse ne peut s'entretenir longtemps sans quelques institutions pieuses qui la soutiennent et l'augmentent. Aussi l'avons-nous vu faire tout son possible pour en établir. Le succès a répondu à ses soins. Des hommes et des jeunes gens nombreux ont été enrôlés dans la confrérie du Très-Saint-Sacrement. Les femmes mariées et les filles âgées ont été mises sous la protection de la sainte Vierge, sous forme de congrégation. Les jeunes filles ont trouvé un asile assuré et un aliment à leur piété dans la congrégation des Enfants-de-Marie. Tout le monde aime à se faire inscrire dans la confrérie du Rosaire, et l'on suit avec beaucoup de dévotion le mois du Sacré-Cœur.

De plus, M. le curé tenait à donner à sa paroisse des missions décennales. Ainsi, il en fit donner trois durant les vingt-neuf ans qu'il dirigea la paroisse de Machecoul : une en 1851, une seconde en 1861 et une troisième en 1874. Les deux premières furent prêchées par les Missionnaires de l'Immaculée-Conception de Nantes, et la troisième, par les Pères Récollets. Toutes les trois ont obtenu des succès vraiment prodigieux.

M. le curé voulait aussi que la parole de Dieu fût prêchée tous les dimanches et tous les jours de fêtes d'obligation. Il devançait souvent son tour, et était toujours prêt à rendre service quand ses vicaires étaient fatigués. Il s'était aussi réservé le droit de prêcher en carême tous les dimanches, aux vêpres. Tantôt c'étaient des instructions ordinaires, tantôt c'étaient des conférences.

Sa parole était simple mais onctueuse ; son geste modéré mais majestueux. On sentait l'homme de Dieu qui voulait faire passer dans les cœurs de ses auditeurs les sentiments de foi et d'amour qui l'animaient; le père affectueux qui cherchait avant tout le salut de ses enfants. Il était bon, doux, bienveillant pour les personnes, mais véhément contre les défauts. Les sujets qu'il aimait à traiter étaient l'amour de Dieu, la pureté d'intention dans les actions, l'esprit de foi, l'amour de Jésus au saint sacrement de l'Eucharistie et la dévotion à la très-sainte Vierge. Les défauts qu'il attaquait le plus souvent étaient les mauvais discours, impies ou immoraux, la fréquentation des auberges et le blasphème. Il ne trouvait pas de termes assez forts pour flétrir ces défauts. Nonobstant la véhémence de son langage, on sentait la tendresse d'un père qui sévit pour corriger. Il était beau dans la chaire. Sa tenue y était toujours grave et digne ; les traits de son visage exprimaient parfaitement les sentiments de son cœur. Sa voix forte et mordante lui permettait de se faire entendre de tous. Il parlait lentement, avec calme et sans faire de ces éclats de voix qui sentent la déclamation. Son débit était naturel. Parfois il s'animait, mais toujours il se possédait. On aimait à l'entendre, et les paroisses qu'il a évangélisées ont conservé de lui le plus précieux souvenir.

VIII. — Ses vertus.

M. Bouron s'est acquitté avec la plus grande ardeur des fonctions du ministère. Néanmoins il n'oublia jamais la sanctification de son âme. Il avait toujours présentes à la pensée ces paroles de Notre-Seigneur Jésus-Christ : « Que sert à l'homme de gagner l'univers, s'il vient à perdre son âme ? *Quid prodest homini, si universum mundum lucretur, detrimentum vero animæ suæ patiatur ?* » Et, comme l'apôtre saint Paul, il craignait de se damner en prêchant les autres. Puis, il était convaincu que le bien de sa paroisse dépendait de sa sainteté : « O mon cher » enfant, me disait-il souvent, qu'un pasteur » devrait être saint, puisque c'est lui qui doit » communiquer la sainteté à son troupeau ! Oh ! » que je serais heureux si mon bon Maître

» m'accordait la grâce de l'aimer ! » Sublime langage ! doux fruit d'un cœur embrasé d'amour pour son Dieu !

Poussé par le désir d'avancer de plus en plus dans la perfection sacerdotale, il embrassait tous les moyens qui pouvaient l'aider.

C'était tout d'abord la fidélité à son règlement. Il avait puisé à la maison de Philosophie et au Grand-Séminaire un grand amour pour la vie régulière. Même il eut la pensée d'entrer dans la Compagnie de Saint-Sulpice. Son directeur s'y opposa. Il voyait dans la nature vigoureuse et vive de M. Bouron un obstacle insurmontable. Ne pouvant rentrer dans aucune communauté, M. Bouron se traça un règlement auquel il s'astreignit le plus possible, tout en cédant devant les exigences du ministère. C'était le même nombre d'exercices qu'au séminaire; il examinait, aux retraites pastorales, comment il avait observé sa règle, ou comment il l'avait violée, et prenait des résolutions pour l'année à venir. Nous avons trouvé plusieurs règlements ainsi annotés.

Il faisait son oraison tous les matins; il en puisait le sujet dans l'excellent ouvrage de la *Perfection chrétienne*, par le Père Rodriguez. Le même ouvrage lui servait ordinairement pour ses lectures spirituelles. Il ne manquait jamais de faire sa visite au Très-Saint Sacrement tous les soirs, vers cinq heures en hiver, et vers sept heures en été. C'est dans ces rapports intimes avec Notre-Seigneur Jésus-Christ qu'il trouvait ses bonnes inspirations, le courage de les réaliser, et aussi la consolation dans ses peines.

Depuis un certain nombre d'années, il faisait l'exercice du Chemin de la Croix tous les vendredis. Il avait beaucoup de peine à se mettre à genoux et à se lever ; mais il tenait à honorer la passion de Notre-Seigneur Jésus-Christ et à prier pour les âmes du purgatoire. Il aimait aussi beaucoup la récitation du chapelet, et jamais il ne se couchait avant d'avoir rendu ce témoignage d'amour à la très-sainte Vierge. Quelquefois il était très-fatigué, n'importe, il fallait réciter le chapelet avant de se reposer.

Grâce à son exactitude à remplir ces différents exercices de piété, il avait acquis une pureté d'intention extraordinaire. Il ne faisait rien, il ne souffrait rien sans l'offrir à son Dieu. Il bénissait Dieu dans ses joies, il le bénissait encore dans ses traverses. Lui arrivait-il un accident fâcheux, de suite il avait recours à son Dieu. Echappait-il à quelque danger, l'action de grâces sortait aussitôt de sa bouche.

Je me souviens qu'étant séminariste j'allais le voir travailler dans son atelier : tantôt il fabriquait des portes, tantôt il raccommodait une brouette, un baquet de maçon ou quelque autre chose de ce genre. J'étais étonné de sa patience ; jamais il ne s'emportait ; de temps en temps il se contentait de dire : « Rataplan, plan, plan ! mon Dieu, ça ne va pas comme je voudrais. » Quand il se donnait un coup de marteau sur les doigts et que je m'apitoyais sur son mal : « Ce n'est rien, répondait-il, le bon Dieu en a bien souffert d'autres. »

En un mot, il accomplissait dans toute la lettre ce conseil de l'apôtre saint Paul : « Soit que vous mangiez, soit que vous buviez, quelqu'autre chose que vous fassiez, faites tout pour la gloire de Dieu. »

Que dire de son esprit de foi ? de son respect pour nos saints mystères, si vivement exprimé par tous ses mouvements extérieurs ? Qu'il était beau au saint autel ! quelle gravité ! quelle majesté ! quel accent pénétré ! Qu'il était beau dans sa stalle ! quelle piété ! Comme il provoquait à la prière !

C'est cet esprit de foi qui lui fit affronter les fatigues du long pèlerinage de Rome, à l'époque du Concile du Vatican. Il était déjà très-âgé ; mais il voulait voir le successeur de Pierre, il voulait lui parler, il voulait l'embrasser ; il espérait que la bénédiction de Pie IX serait pour sa paroisse et pour lui-même une source abondante de grâces. Telle était sa pensée en allant à Rome : se sanctifier, et en se sanctifiant sauver sa paroisse. Peu lui importait de voir les grandes cités et de contempler leurs richesses ; il voulait visiter seulement les monuments chrétiens, et surtout il voulait voir Pierre.

Aussi, la première chose qu'il fit à Rome, ce fut une retraite de quelques jours. Il sentait que pour approcher d'un saint, il fallait être saint soi-même. Ce fut au sortir de sa retraite qu'il sollicita une audience du Souverain-Pontife.

Pie IX donna à M. le Curé le témoignage d'un extrême amour; probablement il avait remarqué à travers l'aimable sourire de ses lèvres son respect profond et son amour ardent pour la sainte Eglise. C'était la rencontre de deux cœurs aimants.

Qu'on me permette de raconter cette audience, où brillent à la fois la simplicité du bon curé de Machecoul et la bonté sublime de Pie IX.

Mgr Daniel, l'aumônier des zouaves pontificaux, présentait M. le curé. Il avait sans doute décrit au Souverain-Pontife le physique de son compagnon de voyage : « Est-ce donc là, cher » enfant, votre compagnon de voyage, dit le » Souverain-Pontife à M. le Curé, en souriant » et en lui montrant du doigt M. X. » Et M. le curé de sourire pour toute réponse. Cet abord si aimable de Pie IX lui donna de la hardiesse. Il lui fit toutes ses recommandations, lui demanda sa bénédiction et lui présenta différents objets à bénir. M. le curé s'apprêtait à découvrir ces objets : « Laissez, laissez, cher enfant, ma » bénédiction n'aurait pas beaucoup de force si » elle ne pouvait pas traverser ces feuilles de » papier. » Ce sont les paroles textuelles du Souverain-Pontife. M. le curé ne voulut pas se contenter de cette bénédiction. Il prit la main de Pie IX et la porta lui-même sur ses différents objets. L'audience durait depuis longtemps déjà; le Souverain-Pontife bénit une dernière fois M. le curé et s'en retourna. Mais M. X était jaloux; il voulait, aussi lui, embrasser la main de Pie IX. Il le tira donc par sa soutane, en disant: « Bon père, je n'ai rien eu, moi! » Et le Saint-Père, éclatant en sourire, eut la simplicité admirable de revenir, de donner sa main à baiser au bonhomme et de le bénir.

La bénédiction du Souverain-Pontife devait porter des fruits abondants dans la personne de M. le curé. A partir de ce moment, M. le curé sentit plus que jamais le désir de devenir un saint. Il ne savait quels nouveaux moyens prendre. Il entra dans le tiers-ordre de saint François d'Assise, dont il suivit jusqu'à la fin les rigoureuses prescriptions. Ses supérieurs furent même obligés de lui imposer certains adoucissements, que son âge avancé, joint aux travaux pénibles du ministère, avait rendus nécessaires. Mais il a su dédommager son amour de la pénitence par des moyens que ses supérieurs n'ont pas dû connaître: je veux dire par les coups d'une discipline et les douleurs d'une ceinture de crin.

Ses mortifications et ses pénitences ne l'empêchaient pas d'être toujours gai. Souvent on l'entendait crier en sautillant et en battant les mains sur ses flancs ou sur son bréviaire, ou sur la table, ou sur les portes : « Rataplan, plan, plan, rataplan ! » C'était son refrain favori. On l'entendait dire encore de temps en temps : « Moi, je m'appelle Jean-Augustin Bouron de la Déchausserie. » Il était surtout gai quand il voyait arriver le bon curé de Bois-de-Céné, son vieil ami et son confesseur.

Il aimait beaucoup rire, c'était pour lui un délassement après de grandes fatigues. M. Morel l'avait bien jugé quand il lui avait dit, au Grand-Séminaire : « Vous, Monsieur Bouron, vous mourrez en riant. » Et de fait, on peut dire qu'il est mort en riant, car peu de jours avant sa mort, il s'est amusé avec ses métayers à la cuisine; même deux heures avant sa mort, il appelait bavardes, petasses, les Religieuses qui le gardaient. Ces deux mots étaient souvent sur ses lèvres quand il voulait rire.

Je n'insisterai point sur son amour des pauvres et des ouvriers sans travail. On peut le dire, c'étaient ses grands amis. Je le sais, on s'est plaint quelquefois, mais heureusement les plaintes étaient fausses, et, je l'espère, plus on avancera dans l'avenir, plus on appréciera la charité intelligente de M. le curé, qui voulait avant tout soulager la véritable misère.

M. le curé était affable à tout le monde; il avait pour tous le plus gracieux sourire, et, comme le disait dernièrement un bourgeois de la ville : « Il suffisait de le voir pour l'affectionner. » Il ne faut donc pas s'étonner de l'affection que lui portaient ses paroissiens de Machecoul. Sans doute, les habitants de Machecoul ont un extérieur un peu froid ; mais sous cet extérieur se trouve caché un cœur qui sait aimer. Les habitants de Machecoul aimaient M. Bouron comme un père.

Sans doute, M. le curé a trouvé quelques hostilités, mais où n'en trouve-t-on pas ? Ceux-là mêmes qui paraissaient lui être opposés l'estimaient dans la réalité.

« Je l'estimais et je l'aimais, disait l'un d'eux,
» M. le curé avait un cœur d'or. Seulement il était
» faible. »

J'accepte ce reproche de faiblesse ; il est vrai M. le curé était faible, mais c'était contre ses adversaires. Il aimait mieux souffrir un peu que de froisser. Pourrait-on lui faire un reproche sérieux de cette intention ?

Enfin disons, en terminant, que M. Bouron avait une grande dévotion à la très-sainte Vierge et au Cœur sacré de Jésus, les deux dévotions fondamentales du christianisme et du sacerdoce. Quand il parlait de la très-sainte Vierge, il l'appelait toujours « sa bonne Mère », et quand il parlait de Jésus, il l'appelait toujours « son bon, son doux Maître ». Il aimait à faire son oraison et son action de grâces aux pieds de l'autel de Marie. C'est là qu'il puisait ces saintes inspirations qu'il déversait avec tant d'onction dans l'âme de ses pénitents. Son amour pour la très-sainte Vierge lui fit faire le pèlerinage de Lourdes quatre fois.

Il se proposait de faire cette année celui de Paray-le-Monial au Cœur de Jésus. Mais le Cœur de Jésus lui ménageait un autre pèlerinage plus doux encore et plus beau : c'est celui du ciel, où il pourrait à jamais louer, bénir, adorer et aimer ce Dieu qui l'avait conservé par un prodige de sa miséricorde et qu'il avait tant aimé.

IX. — Derniers moments.

M. le curé avait toujours exprimé au Seigneur le désir de mourir en combattant pour sa gloire. Ses vœux ont été exaucés. Il est mort sur la brèche.

Depuis plusieurs années déjà il souffrait d'une maladie d'asthme et d'un rhumatisme, suite de ses fatigues excessives. La prédication et la confession le fatiguaient beaucoup, n'importe; on venait lui demander un service, il ne savait jamais le refuser. « Je ne me proposerai jamais, disait-il, » mais quand on me demandera, j'accepterai » toujours. » Parole digne d'un apôtre rempli de l'esprit de Jésus-Christ! Aussi nous l'avons vu donner jusqu'à quatre instructions le jour de la fête de l'Immaculée-Conception, puis aller dès le lendemain travailler au jubilé de Paulx. C'est là que Dieu l'attendait pour jeter en lui le germe de la mort.

L'enthousiasme des bons habitants de Paulx l'avait surexcité. Dieu lui-même, voulant comme mettre à l'épreuve son amour des âmes et de sa gloire, lui avait enlevé ses douleurs rhumatismales ordinaires. Et le saint prêtre avait oublié sa vieillesse et s'était jeté corps perdu dans l'arène. Il passait des journées entières au confessionnal, lui qui, en temps ordinaire, avait peine à y supporter quelques heures de séance. Il usait ses forces sans s'en apercevoir, content de travailler à l'œuvre de son Dieu.

Cependant la maladie ne se déclara pas tout de suite. M. le curé put monter en chaire le dimanche 19 décembre, et exhorter ses paroissiens à se bien préparer à la fête de Noël. Mais il passa la nuit du dimanche au lundi dans l'insomnie la plus complète. C'était un premier accès de fièvre. Il ne put dire la sainte messe le lundi. La fièvre tombant, M. le curé put dire la sainte messe et confesser, le mardi, le mercredi et le jeudi. Sans doute il éprouva beaucoup de fatigue, mais il le fit. Un nouvel accès de fièvre plus violent que les autres se déclara jeudi vers onze heures. M. le curé fut obligé de se mettre au lit. Il ne devait plus descendre vivant de sa chambre. Le vendredi soir, une fluxion de poitrine se manifesta. Les soins les plus énergiques et les plus intelligents lui furent prodigués par M. Martin, docteur-médecin. Tout fut inutile; aucun remède ne pouvait même lui procurer le moindre soulagement. La nuit du samedi au dimanche fut surtout douloureuse. Un seul désir remplit la cœur de M. le curé: celui de recevoir la sainte communion; une seule crainte l'agita, celle de ne pouvoir pas vivre assez longtemps pour se nourrir du corps et du sang de Jésus-Christ; une seule demande fut recueillie sur ses lèvres, celle d'un peu de calme et de tranquillité pour témoigner sa foi et son amour à son bon Maitre. Son désir et sa demande furent écoutés. M. le curé put recevoir, avec calme et avec tranquillité, le saint Viatique, qui lui fut porté le dimanche matin à la pointe du jour. Lui-même voulut se lever, s'habiller, sortir de sa chambre pour aller au devant de son Roi. Qu'il était beau de voir ce respectable vieillard se traîner péniblement à la rencontre de son Dieu! Qu'il était surtout touchant de l'entendre protester à son Jésus sa foi vive et son amour ardent! Et, prodige de la grâce! pendant que tout le monde pleurait autour de lui, seul il demeurait impassible. Son corps était bien sur la terre, mais comme l'a très-bien dit M. Daniel, premier vicaire, « son esprit était avec son Dieu. »

Quelques instants après, le mal faisant de rapides progrès, on dut lui administrer le sacrement d'Extrême-Onction, et lui appliquer l'indulgence plénière de la bonne mort.

A partir de ce moment, M. le curé tomba comme dans une agonie de prières. Quand nous le laissions abandonné à lui-même, il ne cessait de réciter des parties de psaumes, des paraboles de l'Evangile, dont il faisait les commentaires les plus admirables.

Il aimait surtout à réciter ce passage : *Hodie si vocem ejus audieritis, nolite obdurare corda vestra*, et quand je prêtais l'oreille, je l'entendais dire : « O mes enfants, si vous entendez » aujourd'hui la voix de votre Dieu retentir au » dedans de vous-mêmes, n'endurcissez pas votre » cœur. Bien des gens vous disent : Dieu n'existe » pas. Dieu ne s'occupe pas de nous. Mes en- » fants, croyez à la parole de votre père, croyez » à la parole de votre mère la sainte Église, il » existe un Dieu, maître du ciel et de la terre; » ce Dieu s'occupe de nous. Il récompensera les » bons dans le ciel et punira les méchants dans » l'enfer. O mes enfants, n'endurcissez point » votre cœur ! »

Trois quarts d'heure avant de rendre le dernier soupir, M. le curé récitait encore avec nous les prières du chapelet.

Il expira le lundi matin vers trois heures, sans agonie douloureuse, c'était le 27 décembre 1875.

Sa mort a été vraiment la mort d'un saint. Il est impossible d'accepter avec plus d'amour le coup mortel qui frappe la nature. « Merci, mon

Dieu, merci, répondit-il à la parole du médecin, qui reconnaissait les symptômes d'une fluxion de poitrine; merci, mon Dieu, de m'avoir averti de mon heure. Puissé-je profiter des courts instants de vie qui me restent! »

Il est impossible de mourir avec plus de calme et avec plus de confiance. M. le curé semblait se moquer des souffrances et de la mort. Même il se plaignait des adoucissements que nous nous efforcions de lui porter, et il paraissait sûr d'entendre une parole de bénédiction sortir de la bouche de son souverain Juge. Il était heureux de mourir.

J'étais triste, car je perdais un père, mais je me réjouissais d'une telle mort et je me disais avec Mgr Richard : Bienheureux ceux qui meurent dans le Seigneur. *Beati qui in Domino moriuntur!* Bienheureux tous les chrétiens, bienheureux surtout les prêtres et les pasteurs!

X. — Funérailles.

Les obsèques de M. Bouron eurent lieu le lendemain mardi 28 décembre. C'était une cérémonie bien triste, mais aussi une manifestation sublime d'estime et d'amour! C'était la seconde que recevait M. le curé. La première avait eu lieu à son retour de Rome. Les sentiments n'étaient pas les mêmes; mais ils partaient des mêmes principes, d'une profonde estime et d'un ardent amour.

Tous les prêtres des environs qu'on avait pu avertir à temps, se sont empressés de venir rendre leurs derniers devoirs à ce prêtre qu'ils avaient vénéré, à cet ami qui les avait consolés, à ce conseiller qui les avait dirigés, à ce saint qui les avait édifiés. La Vendée, cette portion de la France si connue par la vivacité de sa foi et l'ardeur de sa charité, s'est fait un devoir d'unir ses larmes à celles de la Bretagne, sa voisine et sa sœur, et de pleurer avec elle un ami et un père.

Quel admirable concours de fidèles! On était venu de toutes les paroisses voisines; et la paroisse de Machecoul tout entière s'était rangée, une dernière fois, autour de ce Père qui s'était usé pour elle, et qui avait sacrifié pour son bien ses goûts du cloître les plus légitimes et les plus chers. Toutes les hostilités s'étaient dissipées; pas une famille ne manquait. Tous les yeux pleuraient; toutes les poitrines sanglotaient. On sentait la douleur des enfants, qui pleuraient un père, bien plus, on sentait la foi des chrétiens, qui vénéraient un saint.

Les enfants des écoles, les filles de Marie, les Congréganistes, les sœurs du Tiers-Ordre, les confrères du Saint-Sacrement armés de leurs torches, toutes les institutions de M. Bouron, étaient là debout; sans doute, la tristesse dans le cœur, les larmes dans les yeux, néanmoins heureuses de donner un dernier témoignage d'amour à celui qui avait été leur protecteur et leur père. Les hommes et les jeunes gens se disputaient l'honneur de le porter. Quelle triste mais quelle touchante et sublime démonstration! Quelle preuve d'estime et d'amour!

O paroisse de Machecoul, ô pays de Retz, vous pleurez; vous avez raison de pleurer. Votre perte est immense. Cependant je vous dirai : Consolez-vous. Votre pasteur et doyen a vécu en saint et il est mort en saint. N'en doutez pas, il doit être bien puissant sur le Cœur de Jésus. Encore une fois, consolez-vous. Il vous sera d'un grand secours; car il vous aime et du haut du ciel il continuera à vous diriger et à vous bénir.

O père si ardemment aimé et si vivement regretté, du sein de votre bonheur jetez un regard d'amour sur vos enfants et bénissez-les.

O mon père, vous que j'ai tant aimé et que je ne cesserai de pleurer, daignez jeter encore sur moi ces regards de votre tendresse, sur moi votre enfant de prédilection, sur moi ce prêtre que vous avez élevé et formé. Je vous en conjure, continuez à me diriger et à me bénir. Obtenez-moi surtout la grâce de vivre et de mourir comme vous dans l'amour de Marie et de Jésus.

XI. — Lettres.

Nous sommes heureux de publier à la fin de ce petit ouvrage trois lettres, qui sont un éloge pompeux de M. Bouron, dont nous avons essayé de faire ressortir les vertus. La première a été écrite à M. Daniel, par Mgr l'Évêque de Nantes, la seconde par Mgr Richard, archevêque de Larisse, la troisième par M. le Supérieur des Missionnaires de l'Immaculée-Conception.

LETTRE DE MONSEIGNEUR DE NANTES.

« Mon cher abbé,

» Je suis bien attristé. Votre lettre n'a été que le prélude, et nous n'avons pas tardé à apprendre la mort, bien imprévue, de votre excellent curé. Je suis consterné des pertes si nombreuses et si graves qui affligent le diocèse. Celle de votre cher Doyen est une des plus sensibles. On pouvait encore espérer de bonnes et nombreuses années de ce vaillant ouvrier, dont le zèle et l'ardeur semblaient s'accroître avec l'âge. Dieu en a décidé autrement. La ville de Machecoul, toute la paroisse, ressentiront vivement ce coup, qui m'atteint moi-même. Car, depuis quelques mois, ce diocèse ordinairement si riche, éprouve la pénurie de sujets, d'autres vides se font encore, et je ne sais comment les combler. Mais soyons à la douleur de perdre un si bon Pasteur, un prêtre si régulier, zélé pour le ministère, dévoué à son troupeau. Demain matin, je prierai au Saint-Sacrifice pour le repos de son âme, et je serai par la pensée, au milieu des nombreux confrères, qui viendront, je l'espère, honorer sa mémoire.

» Agréez, cher abbé, l'assurance de mon sincère attachement.

» † FÉLIX, év. de Nantes. »

LETTRE DE Mgr RICHARD.

« Mon cher Monsieur Renaud,

» Je m'unis à toutes vos prières pour l'âme du bon et vénéré curé de Machecoul. Je serai de cœur, mardi prochain, avec vous, avec tout le clergé du canton. J'avais une grande affection pour le cher M. Bouron. Je l'avais revu avec bonheur quelques instants à Nantes, au mois de juillet. Je ne pensais pas que je l'embrassais pour la dernière fois. Ainsi Notre-Seigneur nous fait souvenir d'être toujours prêt. Mais en voyant mourir les bons prêtres, comme M. Bouron, on aime à redire : *Beati mortui qui in Domino moriuntur.*

» Je vous bénis, mon cher enfant, et vous renouvelle l'assurance de mon sincère dévouement en Notre-Seigneur.

» † F., arch. de Larisse. »

LETTRE DE M. LE SUPÉRIEUR DES MISSIONNAIRES DE L'IMMACULÉE-CONCEPTION.

« Messieurs,

» La nouvelle de la mort du bon et vénérable doyen de Machecoul a été pour nous comme un coup de foudre. Nous l'estimions et l'aimions tous. Qui est-ce qui, du reste, n'aurait eu pour lui ces sentiments? C'était un prêtre si digne, si attaché à ses devoirs, si affectueux pour tout le monde et surtout pour ses confrères. Il laisse à Machecoul deux constructions qui font son éloge, l'église et la cure bien dotée, sans parler des autres œuvres du ministère, où il ne le cédait à personne. Il était non-seulement vertueux, mais encore, au besoin, missionnaire. C'est, dit-on, le zèle apostolique qui a occasionné sa mort. C'est une mort précieuse devant le Seigneur et une belle fin pour un pasteur.................................

....

» Recevez, Messieurs, nos condoléances bien sincères avec les salutations respectueuses de votre tout dévoué

» J.-FRANÇOIS GAIGNARD, Sup. Im.-Concep. »

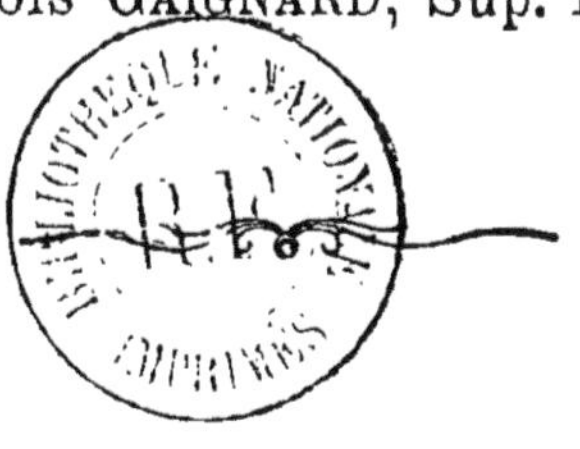

Nantes. — Imp. Vincent Forest et Émile Grimaud, place du Commerce, 4.

www.ingramcontent.com/pod-product-compliance
Ingram Content Group UK Ltd.
Pitfield, Milton Keynes, MK11 3LW, UK
UKHW012110240726
13965UKWH00004B/1671

9 782013 042390